그대가 생각나는 시간

그대가 생각나는 시간

펴낸날 초판 1쇄 2022년 11월 15일

지은이 김순복
펴낸이 서용순
펴낸곳 이지출판

출판등록 1997년 9월 10일
등록번호 제300-2005-156호
주소 03131 서울시 종로구 율곡로6길 36 월드오피스텔 903호
대표전화 02-743-7661 팩스 02-743-7621
이메일 easy7661@naver.com
인쇄 ICAN
물류 (주)비앤북스

값 12,000원

ISBN 979-11-5555-190-5 03810

그대가 생각나는 시간

김순복 제2시집

이지출판

추천의 글

김순복 시인이 두 번째 시집을 발간한다. 첫 시집을 발간할 때, 아니 첫 시를 쓸 때 "저도 시를 쓸 수 있을 것 같아요!"라고 말한 지 일 년 만에 시집을 발간했고, 다시 일 년 만에 두 번째 시집을 발간하게 되었다.

김순복 시인은 시를 참 잘 적는다. 일상에서 시상(詩想)을 쉽게 얻고, 그 시상으로 감성시를 적어내는 실력이 탁월하다. 그러기에 시집 속의 글에는 읽는 맛이 담겨 있고, 또 읽은 이들에게 바쁜 일상을 지워내는 힘이 된다. 이 힘은 시인의 일상에서 비롯되었지만, 시를 통해 가족은 물론 이웃으로 퍼져 나가 아름다운 사회를 만드는 데 보탬이 된다.

김순복 시인이 이처럼 두 번째 시집을 빨리 발간할 수 있었던 건 망설임 없이 첫 시집을 발간했기 때문이다. 사실 많은 시인이 첫 시집을 발간할 때 망설이게 된다. 이럴 때는 시집을 발간하는 것이 좋다. 계속 망설이다 보면 시의 소재가 지나간 시간에 담겨 퇴색될 수 있고, 자칫 감동이 줄어들어 시집에 담길 기회조차 없어질 수 있다.

다시 한 번 김순복 시인의 두 번째 시집 발간을 축하드리며, '전국 감성시 공모전'과 '윤보영 시인과 함께하는 전국 어린이시 공모전'을 주관해 주신 데 대해 깊이 감사드린다.

커피시인 윤 보 영

책머리에

(주)한국강사교육진흥원에서 진행하는 윤보영 시인학교 감성시 첨삭지도 줌 수업을 통해 감성시를 접하고 배우기 시작했다. 그렇게 시작하여 《사랑하길 잘했다》《내 안의 그대라는 꽃》《그대 사랑처럼 그대 향기처럼》 3권의 동인시집과 《오늘도 그대 따라 웃습니다》 개인 첫 시집에 이어 《그대가 생각나는 시간》을 출간한다. 이로써 5권의 감성시집을 갖게 되었다.

감성시를 메모하면서 내 안의 그대를 만나고, 함께 행복한 꿈을 꾸며 미소를 짓곤 한다. 감성시는 메마른 마음에 촉촉한 단비가 되어 바쁜 일상에서 여유를 갖게 하고 아픈 상처들을 치유해 주며, 내 안에 아름다운 세상이 있다는 것을 깨닫게 해 준다.

감성시를 쓰면서 행복은 내 마음속에 있었다는 것을, 그것은 내 안의 아름다운 세상에서 '그대가 생각나는 시간'임을 알게 되었다. 이 시집을 손에 들고 있는 당신도 감성시와 함께 사랑 가득한 행복을 찾고 '그대가 생각나는 시간'을 만들어 가길 권한다.

많은 이의 가슴에 아름다운 감성이 샘솟길 기원하며, (주)한국강사교육진흥원에서 매년 상반기에 실시하는 '전국 감성시 공모전'과 '윤보영 시인과 함께하는 전국 어린이시 공모전'에 많은 관심과 참여를 바란다.

2022년 그대가 생각나는 가을날에

(주)한국강사교육진흥원장 김 순 복

차례

2부 내 마음에 말하다

3부 소식을 전하는 나뭇잎

4부 새벽을 여는 사람들

5부 가장 외치고 싶은 말

1부
그대 사랑은 느낌표

호수 • 그대 사랑은 느낌표 • 계산기
중복 • 창밖의 그대 • 하지 • 웃는 이유
메모 • 그림 • 비밀정원 • 메시지 선풍기
내 안의 파도 • 구름과 나 • 그릇 • 고속도로
내 마음의 꽃길 • 바다가 되고 싶다
꽃밭 • 그대가 생각나는 시간
생각을 담는 가방 • 장미 • 일방통행
그대에게 가는 길 • 민들레 씨앗

호수

호수에 잠긴 단풍
잔잔한 물살에 출렁이고

내 마음에 담긴 그대
그리움에 사무치고

나는 호수
그대는
호수에 담긴 그리움!

그대 사랑은 느낌표

늘 생각했다
'그대 사랑은 내게 뭘까?'

가슴에
진한 여운이 남는
느낌표였다

당연하지!
그대
내 안에 웃으며 머물고 있으니까

계산기

계산기는 두드려야
계산되지만

우리 사랑은
저절로 계산된다는데

무한대 계산기가 없어
우리 사랑 계산 불가!

있다 해도
계산이
100년은 더 걸릴 텐데
아마 못하겠지요?

중복

거듭되거나 겹침을
중복이라 하지요

거듭될수록 좋은 것은
죽어서도 함께하고 싶은
우리 사랑!

기도했습니다
중복, 중복, 중복
중복 날처럼
천년만년 중복되기를…

창밖의 그대

자다 일어나 창문을 열다가
심장이 멎는 줄 알았어요

창 앞에 글쎄
그대가 서 있지 뭐예요?

내 가슴에 담겼다가
창에 비친 그대

세상을 얻은 기분!
걷잡을 수 없이
가슴이 뛰었지만
기분이 좋았어요

하지

일 년 중 태양이 가장 높이 뜨고
낮이 가장 긴 시기가 하지라지요

나에게 하지는
끝없는 도전입니다

미뤄 두기보다는
무엇이든 하지! 하지!
하지니까

당연히 가장 1순위는
사랑하지!

웃는 이유

이른 아침
이슬 사진을 찍다가
깜짝 놀랐어요

아, 글쎄
이슬 안에
그대와 내가 있지 뭐예요?

온종일
기분 좋아
싱글벙글!

메모

적어 두지 않으면
잊어버려
메모합니다

하지만,
메모하지 않아도
선명한 것이 있습니다
그대 생각 말입니다

내 안으로
훅~ 들어온 그대
가슴 끝에 박혀
늘 기분 좋게 만듭니다

그림

그림을 그리는데
자꾸 저만 그려지는 거예요

내 안의 그대가
보고 있을 것만 같아

예쁘게 보이려고
온종일
제 얼굴만 그렸습니다

비밀정원

5월과 6월이면
덩굴장미가 한창입니다

그대가
쉽게 찾아올 수 있도록
덩굴장미로 터널을 만들었습니다

아무도 모릅니다
그대에게만 보여 주고 싶어
그 터널
내 가슴에 만들었다는 사실

메시지 선풍기

원하는 글씨를 입력하고
바람으로 날릴 수 있는
메시지 선풍기가 있다

시원한 바람과 함께
마음이 전달될 수 있도록
사랑해, 사랑해, 사랑해를 입력했다

선풍기를 켠다
사랑해 앞에서
내 안의 그대가 좋아한다

가슴이 시원해진다
행복한 바람이 분다

내 안의 파도

그대가 보고 싶을 때면
마음이
파도처럼 출렁인다

파도는
바다에만 있는 것이 아니다
내 마음에도 있다

파도 너머
그대가 보이면
이내 잔잔한 물결이 인다

그대는
파도를 움직이는
마술사?

구름과 나

구름은
바람 따라 움직이고
나는
그대 따라 움직인다

구름은
여러 사람의 마음을 움직이고
나는
그대 하나면 충분하다

그대만 있으면
365일이
늘 맑은 하늘이다

그릇

그릇은 물건을 담기도 하지만
사람의 됨됨이에 비유하기도 한다

'나는 어떤 그릇일까?'

많은 사람에게
큰 그릇이 되고 싶지만

깨지지 않는다면
나는 그대에게
유리그릇이고 싶다

그대 좋아하는 마음
그대로 보여 줄 수 있게

고속도로

고속도로 하이패스를
통과하는 꿈을 꿨다

잠에서 깨고도 기분이 좋다
무슨 일이든
술술 풀릴 것 같은 기분!

내 안에도
고속도로를 낸다
그대를 만나는 길
하이패스!

헉!
이미 내가
그대 곁에 있다

내 마음의 꽃길

길은
땅뿐만 아니라
물 위나 공중에도
일정하게 다니는 곳이면 있지요

내 마음에도
양탄자 꽃밭을 만들고
길을 냈습니다

오직
그대만 올 수 있는 길
보고 싶은 마음이
기다림으로 만든 길

바다가 되고 싶다

지구 표면적 70.8%를
차지하는 바다
육지 면적의 2.43배다

오염된 물조차 받아들이고
정화해 내는 강인한 생명력
바다를 닮고 싶다

바람의 심술로
성난 파도가 되기도 하지만
고요함으로
눈부신 햇살을 담기도 한다

바다처럼 큰 사람
그대에게 안기고 싶다
안긴 채
바다가 되고 싶다

꽃밭

정원이 예쁜 집을 샀다
내 마음을 옮겨 놓은
아름다운 집

그대와
머물게 될 그림 같은 집
이사할 마음에 가슴이 설렌다

예쁜 꽃밭과 나무를 가꾸는
사랑이 익어가는 자리
행복한 보금자리

365일
내 안에도 꽃이 핀다

그대가 생각나는 시간

하루에도 몇 번씩
보고 싶은 사람이 생각난다는데
그대는
한 번밖에 생각이 안 나니
어쩌면 좋지요?

눈뜨자마자 생각해서
잠들 때까지 이어지니 딱 한 번!
그 여운
다음 날까지 가요

생각을 담는 가방

가방에 무엇을 담을까?
그대 생각을 담았다

꾹꾹 눌러 담아도
요술 가방처럼 계속 들어간다

아침부터 저녁까지
샘솟는 그대 생각

오늘도 가방에
그대 생각 넣으며
미소 짓는다

날마다
참 많이 웃는다

장미

가녀린 꽃잎에
가시가 돋친 꽃

예뻐서 만지려다
가시에 찔렸다

예쁘기만 하면 뭐해?
질투의 화신처럼
사나운 걸…

그래도
나처럼
예뻐서 용서된다

일방통행

내 마음대로
조절이 안 되는 것
딱 하나

그대
보고 싶은 마음
일방통행

보고 있어도
자꾸 보고 싶으니
돌아갈 수도 없고
어쩌면 좋아

그대에게 가는 길

길을 가다가
그대 생각을 꺼냈습니다

그대가 있는 곳으로
발길을 돌리려다 웃었습니다

이미 그대가
내 안에 와 있어
둘이서 웃었습니다

세상에서
가장 가깝고 빠른 길

아마 이게
그대에게 가는 길을 두고 한 말
아닐까요?

민들레 씨앗

시멘트 틈 사이로
꽃을 피운 민들레

가녀린 몸으로
어떻게, 시멘트를
뚫고 자랐을까?

오랜 세월을 견디며
아프게 피었다

"힘내!"

그대가
생각나는
시간

2부

내 마음에 말하다

봄비

봄비를
아시나요?

황폐해진
마음을 적셔 주듯

내 안에서
늘 힘을 주는 당신처럼
대지를 적셔
생명을 움트게 하는
마술사

내 마음에도 봄

나뭇가지에
새순이 나오고
꽃이 피었다

겨우내 움츠렸던
내 마음에도
설렘이 찾아왔다

"올해는 좋은 일만 있을 거야!"

"당연하지!"

그대의 대답에
내 마음에 꽃이 피었다

봄비 오는 날

삼일절 아침
봄비가 내립니다

예쁜 꽃을
피워 낼 수 있도록
대지를 적시고
사람들 마음까지 적셔 줍니다

내 마음에도
꽃씨 하나 심었습니다

3월 1일
선열들이 뿌려 놓은
조국 사랑의 꽃
지금도 기억해야 할
기억의 꽃을 피우고 싶어서

3월의 만남

3월은
새로운 만남의 달이고
시작의 달이다

1학년이 시작되고
새로 오신 선생님을 만나고
새로운 친구들을 만나듯

산수유, 매화, 개나리
진달래, 목련, 히아신스
예쁜 꽃들이 서로 만난다

새로운 기분으로
뭔가를 시작하고 싶은 계절

난
그냥
그대를
실컷 사랑해야겠다

3월에는

3월에는
새로 시작하고 싶다
내가 가장
하고 싶었던 일을 하고 싶다

겨울나무에
새싹이 돋아나듯
새롭게 피어나고 싶다

3월에는
꽃으로 피어
희망이 되고 싶다

가슴 가득
할 수 있다는
새 희망으로 담기고 싶다

내가 도전하고 있는 것처럼
모두 도전할 수 있게
이끌어 주고 싶다

3월에는
내 3월에는
그렇게 사랑하고 싶다

벚꽃 이야기

봄이다
벚꽃이 활짝 피었다

내 안의 그대에게
이야기꽃을 피우는 나처럼
흐드러지게 피어 있는 꽃이
재잘거리고 있다

바람결에 흩날리는 벚꽃에
너도나도 얼굴을 내민다
내 마음에도
벚꽃이 활짝 피었다

나에게는
그대 얼굴이 벚꽃!

텃밭

집터에 붙어 있거나
집 가까이 있는 밭이
텃밭이라 하지요

내 마음에도
텃밭 하나 있습니다

텃밭에 상추와 고추를 심듯
내 안에
그대 생각을 키우고 있습니다

꽃이 피고
행복이 달렸습니다

다시 보니
그 행복
미소 짓는 그대 얼굴입니다

만우절

4월 1일
만우절 장난에
속아 넘어가는 사람을
'4월 바보'라 하지요

가벼운 장난이나 거짓말로
웃음을 주는 날

만우절이면 어때요?

그대와 나는
서로 속아주고 웃음 주는
365일이 그런 날인걸요

내 마음에 말하다

비행기 착륙 직전
창밖을 보니
각양각색의 보석으로
수놓은 듯 예쁘다

소녀의 꿈처럼
반짝반짝 빛나는
야경을 보면서
내 마음에 말했다

"수고했어.
너의 꿈도
저렇게 곧 빛이 날 거야."

가슴이
환하게 열린다

하얀 하늘

비행기에서 내다본 창밖이 하얗다
위, 아래, 옆도
비행기 날개만 보일 뿐
온통 하얗다

어스름한 저녁
구름이 비를 담아 무거워졌을까?
움직임마저 없다

하얀 하늘에
그대 얼굴이나
실컷 그려야겠다

그려 놓은 그대 얼굴마다
계속 웃음보가 터진다

그래,
이런 걸 두고
행복이라 하지!

청소기

청소기를 돌리면
먼지들이
청소기 안으로 빨려들고

그대 생각을 꺼내면
나도
그대 가슴으로 달려든다

보고 싶다
보고 싶다
청소기를 보고 꺼낸
그대 그리움이
그대를 부른다

청소기 소리가
자꾸만 그대를 부른다

온종일
청소기만 돌리고 싶은 이유다

그릇

맛있는 음식은
예쁘게 보이려고
접시에 담아
식탁에 올려두고

그대 생각은
혼자만 맛보려
항아리에 담아
가슴으로 옮겼다

그대 생각에
그리움이
하늘에 담긴다

달콤한 추억

37년 만에
친구와 함께
맛집에서 은사님을 뵈었다

까맣게 잊고 지냈던
여고 시절 추억이
봇물 터지듯 쏟아졌다

맛있는 이야기에
음식 맛과 커피 맛이 지워져도
추억은 달콤하다

은사님의 미소는
더 달다

지갑

가장 아끼는
지갑을 잃어버렸다

집 나간 아이를
기다리는 것처럼 기다린다

빈 상자만
덩그러니 남아
가슴이 짠하다

허전한 마음에
그대 생각을 입혔다

그래도
다행이다
그대 생각을 잃어버리지 않아서

모닝 챌린지

아침 시간이 기다려지는
모닝 챌린지

오늘은
내게 무슨 미션을 줄까?

날마다
새로운 날이 열린다
가슴이 열린다

그대 생각이
먼저 나온다

오늘 미션
성공!

그대 사랑

스마트 스토어에서
무엇이든
다 팔 수 있다지요

하지만
안 되는 것도 있어요
억만금을 줘도 못 파는 것!

뭐겠어요?

행복한 맛

애플 망고를 사 왔다
향이 좋다

입에 넣는 순간
"너무 맛있다
행복한 이 맛!"
나도 모르게 감탄사가 나왔다

당신 첫 느낌이 이랬어
그 말을
못했지,
부끄러워서

새 신발

새 신발을 처음 신으면
불편할 때가 있지요

사람도 처음 만나면
적응 기간이 필요합니다

하지만, 가끔은
새 신발이 쏙 맞는 것처럼
한눈에 뿅 가는 사람!

바로
내 곁의
당신이 그렇습니다

풍경

바람결에 묻어오는
청량한 소리에
나도 모르게 생각을 멈췄다

그대에게 반하듯
내 그리움이
풍경 소리에 스며들었다

눈을 감았다
그대 노랫소리가 가슴에서 들린다

나를 사로잡는 풍경 소리!
그대도 아닌데
그대 목소리로 들립니다
포로가 됩니다

내장산 연못

내장산에 가면
연못에 팔각정 우화정이 있지요

우화정과 단풍을 품은 연못을
하염없이 바라보다
내 안의 그대를 불러냈습니다

연못은
있는 그대로 다 보이지만
내 안의 그대는
나만 볼 수 있습니다

보면 볼수록 매력 있는
나 보기도 아까운 그대

책꽂이

책꽂이에는
내가 읽은 책이 꽂히고
내 인생에는
내가 살아낸 흔적이 담긴다

하지만
내 안에는
아무것도 담을 수 없다
온통 그대가 차지하고 있어서

귀뚜라미

귀뚜라미는 영역을 과시하거나
짝을 부를 때
울음소리를 낸다지요

그대 그리운 나는
어떻게 하면 좋을까요?

가슴속 그대가 손짓합니다
'나 안 보여?'

비움

'달도 차면 기운다'는
속담이 있지요

연잎도 이슬이 무거우면
비워 냅니다

그런데
그대 생각은 아무리 차도
비워 낼 수 없습니다

'당연하지!'
그대만 생각하면
행복해지는데
왜 비워 내요?

질투

꽃을 심다가
기분 좋아 죽는 줄 알았어요

심어 놓은 꽃이
나에게 잘 보이려고
예쁜 꽃을 활짝 피웠어요

지나가던 시원한 바람이
'내가 설 자리가 없잖아'
질투합니다

주머니

주머니에 무엇을 담을 수 있나요?
저는 아무것도 못 담겠어요

주머니마다
그대 생각으로 가득 차서

그대가
생각나는
시간

3부
소식을 전하는 나뭇잎

소식을 전하는 나뭇잎 • 길몽 • 어버이날

한식 • 어머니 • 엄마의 어깨 • 엄마의 바램

가장 듣고 싶은 말 • 어머니의 눈물

아름다운 미소 • 내 안의 천국 • 설날 장례식

까치설날 • 아빠의 대답 • 하늘나라 편지

내 목소리 들려? • 겨울나무 • 아버지

코로나 시국 병동 • 김장김치 • 붉은 그대

첫눈 • 대추차 • 내 안에 그대라는 꽃

소식을 전하는 나뭇잎

시냇물에 떨어진 나뭇잎이
어디론가 떠나간다

나뭇잎은
새싹으로 봄을 알리고
푸른 잎으로 여름을 알린다
단풍으로 가을을 알리고
사라지면서 겨울을 알리게 된다

물길 따라
홀연히 떠난 나뭇잎은
무슨 소식을 전하러 간 걸까?

보고 싶은 내 마음 담고
소식 전할 수 없는
아빠에게 닿았으면 좋겠다

길몽

어버이날 새벽에
돌아가신 아빠와 꿈에서 만났다

하늘나라 가신 후
처음 뵙는 아빠 모습
건강해 보여 다행이다

꿈을 꾼 다음 날 아침
3년 전 사기당한 돈이
거짓말처럼 입금되었다

아빠가 주고 가신 선물!
눈물이 났다

"아빠! 고마워요."

어버이날

내일은 어버이날
작년에는
아빠가 계셨는데
아빠 안 계신 어버이날
벌써부터 슬퍼집니다

산소에 찾아가
실컷 아빠를 부르며
아빠랑 놀다 와야겠습니다

"아빠, 조금만 기다려!"

그런데,
아빠가 꿈속에
먼저 오셨습니다

한식

동지 후
105일째 되는 날이
한식이라지요

예로부터
일정 기간 불 사용을 금하고
조상의 묘를 숭배하는 날

아빠 산소에 갔어요
기다리고 계셨나 봐요
반갑게 반겨주시는 것같이
포근했어요

"아빠, 안녕!
보고 싶었어요!"

어머니

천리향 향기가
천 리까지 날 만큼 좋다면

당신 향기는
천 년 동안 날 만큼 좋답니다

어머니
당신이 주신 사랑은
저에게 그렇습니다

엄마의 어깨

내 어릴 적
엄마 모습은
억척스럽게 보였습니다

지금은
바람만 불어도
날아갈 것 같은 모습!

왜소해진 엄마 어깨를
두 손으로 감쌉니다
가슴에 구멍이 나는 듯합니다

"엄마!
사랑합니다."

엄마의 바램

엄마를 생각하면
늘 가슴이 아련하다

엄마와 지낼 시간이
점점 줄어들고 있다

"오늘은 다시 오지 않아
지금 이 시각도 다시 오지 않아."

엄마의 전화번호를 누르다
깜짝 놀랐다

엄마한테 전화가 걸려왔다
"우리 큰딸!
목소리 듣고 싶어 전화했다!"

아, 엄마!

가장 듣고 싶은 말

의료용 전동차에 이상이 있을 때
걸려오던 전화 목소리

"에미야! 전동차가 안 된다
전화 좀 걸어봐라."

이제는
내 귓전에만 맴돌 뿐
더 들을 수 없다

"에미야! 에미야!"
가장 듣고 싶은 말

어머니의 눈물

사람은 눈으로
감정을 전달하지요

코로나 시국
병실에 홀로 계신 어머니!
얼마 전, 말은 못 하지만
가족을 보자 눈물이 가득 고였지요

지금은 눈물 고였던
어머니의 눈이 그립습니다
자식이 와도 몰라보는 어머니
풀려 버린 눈

아, 어머니!
당신 눈물마저 못 보면
어떻게 하나요?

사랑합니다
사랑합니다
귓전에 메아리만 들리는데
정말 어쩌면 좋을까요?

아름다운 미소

혈전이 막히면
뇌경색이 온다지요

오른쪽은 감각이 없지만
왼손은 꼭 잡던 어머니

"어머니 웃어 봐요."
말은 못 하지만
빙그레 웃기도 했던 어머니

다시 보고 싶습니다
세상에서 가장 아름다운 미소

내 안의 천국

생명이 멎은 후
사흘간은 귀가 열려 있다지요

차가워진 몸에
수의를 입고 있는 어머니께
드리는 인사말

"어머니, 사랑합니다."
"사랑하고 또 사랑합니다."
"극락왕생하세요."

가슴속에
어머니가 계실
방 하나 만들었습니다

어머니의 미소가 보입니다
보고 싶을 때마다
방에서 만난 어머니
가슴이 따뜻해집니다

설날 장례식

설날 아침부터
눈이 내립니다

내리는 눈마저
포근하게 느껴지는 것은

아직,
어머니가
곁에 있기 때문이겠지요?

까치설날

까치가 울면
반가운 손님이 온다 해서
길조라지요

까치가 울면
하늘나라 가신 어머니가
다시 오실까요?

까치가 웁니다
아,
어머니!
우리 곁에 오셨지요?
보고 싶습니다

아빠의 대답

진눈깨비가 내리는 날
"아빠 눈 안 맞는 거지?"
하늘을 올려다본다

그리움에
금세 촉촉해지는 눈
아빠가 미소 짓는다

오늘도
아빠 따라 웃는다

하늘나라 편지

우리나라 최대 명절 설날
아빠에게 보내고 싶은 편지

49재 때처럼
손으로 써서 태우면
아빠가 받아볼 수 있을까?

아빠 없는 정월 초하룻날
아빠의 덕담이 듣고 싶다

"아빠!
하늘나라에서 아프지 마세요."

내 목소리 들려?

"아빠! 잘 있지?
내 목소리 들려?"

운전하면서
하늘을 올려다봅니다

혹시라도
아빠 모습 보일까?
차를 세웁니다

그러다 웃지요
내 가슴에 계신 걸 깜박해서

겨울나무

나뭇잎이 모두 떨어진
앙상한 겨울나무

나무 본연의 자태를
당당하게 드러낸 모습에서
엄마가 보인다

한평생 자식을 위해
가족을 위해 헌신하신 엄마

내년에는
앙상한 가지에
엄마를 위한 싹이 돋아나길

이제, 엄마의 삶을
찾아드리고 싶다

엄마! 사랑합니다.

아버지

답답할 때 겨울 바다를 찾는다
바닷속 많은 생명을 품고
바닷물에 파고드는 세찬 바람을
파도로 맞서고 있는 바다

겨울 바다에서
그대 닮은 거인의 모습을 본다

바닷속 생물들이
추운 겨울 잘 지낼 수 있도록
든든하게 울타리가 되어 주는 바다

나를 보호해 주는 아버지
당신과 닮았다
포근하다

코로나 시국 병동

코로나가
2년째 이어지고 있습니다
병원마다 응급환자 외에는
병실이 없다고 합니다

입원하는 순간부터
아무도 만날 수 없고
임종 직전 환자만
가족을 만날 수 있습니다

쓸쓸하게 병실에서
병마와 싸우며
외롭게 지내다 가신
아버지 생각이 났습니다

그리운 아버지!
병실에 누워
아버지를 그려봅니다

김장김치

김장철이 되면
그리운 아버지 생각에
슬픔이 밀려옵니다

김장김치 해 주시겠다며
마늘 찧으러 가시다
교통사고로 떠나신 아버지

덩그러니 남겨진
절인 배추가
슬픔을 보탰었지요

아~ 아버지!

내 어깨를 토닥여 줍니다

붉은 그대

단풍 구경 왔는데
그대만 보여요

붉은 얼굴로
자꾸만 미소 짓네요

저도
덩달아 웃습니다

보기만 해도
심장이 쿵쾅!

그대 생각으로
내 안에
단풍이 들었어요

첫눈

"어머, 눈 온다."
"벌써 눈이 오네."

아직은 11월 초
그리도 나에게
빨리 오고 싶었나 보다

늘
기다리는 그대
고맙게도
눈으로 내린다

대추차

매년 이맘때면
대추차가 생각난다

겨울이면
엄마가 끓여 주시던 대추차

대추차에
엄마가 있다

포근한
엄마 손맛으로

내 안에 그대라는 꽃

당신 가슴을 향해
화살을 쏘았어요

헉!
명중했어요

그런데
왜
가슴이 뛰지요?

아,
화살을 쏜다는 게
내 가슴에
꽃을 심었군요

내 안의 그대라는 꽃
더욱 예쁘게 피어 있는 꽃

그대가
생각나는
시간

4부
새벽을 여는 사람들

정월 대보름

정월 대보름은
일 년의 운수를 점치고
달을 보며
풍년과 집안의 평안을 빌었다지요

그대 생각만 꺼내면
행복해져 근심이 사라지니
혹시
그대가 정월 대보름달?

가로등

가로등은
주위를 밝게 하고

그대 생각은
내 마음을 환하게 만듭니다

내 얼굴도
덩달아
보름달처럼 환해지니
그대 덕분이라 해야겠지요?

다행

첫눈은
사람들을 설레게 하고
그대는
나를 설레게 하고

그대가
녹아 사라지는
첫눈이 아니라서 다행이다
다행!

팝콘

TV로 영화를 보며
팝콘을 배달시켰다

고소한 맛에 빠져
자꾸 손이 가다
바닥을 보는 순간
아쉬웠다

그대 생각처럼
바닥이 없었으면

냉장고

냉장고에 음식을 보관하면
신선하게 오래간다지요

우리 사랑도
냉장고에 넣어 둘까요?

안 됩니다
이렇게 뜨거운데

뜨거운 채 넣었다가
고장 나면 어쩌시려고요

누름단추

음식점 식탁에 놓인
단추를 눌렀더니
종업원이 금방 다가옵니다

그대가 보고 싶어
가슴을 눌렀더니
웃는 얼굴이 보입니다

밥 먹을 생각도 않고
스위치만 눌렀습니다

창문

답답해서 창문을 열었더니
시원한 바람이 들어옵니다

그대 들어올 수 있게
마음에도 창문을 냈습니다

마음이 시원해집니다
그대가 왔습니다

그런데 이상하죠?
갑자기 마음이 뜨거워지며
입꼬리가 올라갑니다

역시
사랑하길 잘했습니다

그대는 도둑

'눈 뜨고 도둑맞는다'는
옛말이 있지요

도둑 좀 맞으면 어때요?

그대가
내 마음 훔쳐갔는데

도둑맞아
행복한 사람
나 말고
또 누구 있나요?

우산

비를 맞지 않도록
머리 위에 받쳐 쓰는 것이
우산이지요

햇볕이 들지 않도록
얼굴 위를 가려주는 것은
양산이고

내 안에도
우산과 양산이 있지요
그대 생각으로 만든 우산
보고 싶은 마음으로 만든 양산

참,
우산을 쓰고
양산까지 쓰고 싶은 건
욕심 맞죠?

인생 커피

을지로에 엄청 유명한
카페가 있다지요

그곳의 시그니처 메뉴
고소한 호랑이라떼

그대와
나만 아는 카페

그곳의 시그니처 메뉴
그대가 내려주던 커피

마시다 보면
앞에 두고도
더 보고 싶게 만드는
그 커피!

사적 모임 인원 제한

4인일 때 다섯 명
6인일 때 일곱 명이 모였다

내 안에 담아 두고
그대와
나만 아는 사실!

산소 같은 남자

사람들은,
산소가 있어야
살 수 있다 합니다

하지만
그대 그리운 나는
그대가 있어야 살 수 있습니다

그럼 혹시
그대가 산소?

새벽을 여는 사람들

아침을 함께 시작하는
루틴 방이 있습니다

각자의 방법으로
하루를 시작하는
생동감 넘치는
새벽을 여는 소리

그 안에는
설렘, 희망, 사랑,
노력, 격려, 실천 의지가
농축되어 있습니다

그대를 기다리는 것처럼
사람 냄새 나는
새벽의 소리가 기다려집니다

12월은

한 장 남은 달력에
아련함이 묻어나는 12월
몸보다 마음이 급하다

잊혀진 날들에 대한
그리움과 아쉬움이 남아
시린 손 잡아주는
따뜻한 손이 그리워지는 계절

마음먹은 대로
다시 시작해 보라며
하얀 눈이 내린다
새 희망을 그린다

내 삶의 이력서

12월은
이력서를 고쳐 쓰는 계절

날 기억하는 사람은 몇이나 되고
잃어버린 것들은 무엇이고
이뤄 낸 것들은 무엇인지
거짓 없이 돌아본다

새해에는
무엇을 위해 가장 많은
땀방울을 흘릴 것인지
알찬 계획을 세워 보고

내 안의 그대와
새끼손가락 걸며
미소도 지어 보고

하지만
그대
사랑이 먼저다

행복한 12월

맨 끝에 머물다
주인공으로 나선
나는 12월입니다

사람들의 생각을
가장 많이 이끌어 내는
삶의 조력자입니다

외로움을 희망으로
슬픔을 기쁨으로 만들어 내는
마술사입니다

일 년 중
가장 깔끔한 마무리를 하는
감칠맛 나는 행복입니다

내년에는

힘든 일이
유난히 많았던
올 한 해를 돌아봅니다

내년에는
전염병 걱정 없이
보고 싶은 사람을 만나고 싶습니다

만나서
축하해 주고
위로도 해 주면서
여기저기서
웃음소리가 들려오는
새해를 기대합니다

사랑하고
사랑하고
더 많이 사랑하겠습니다

1월은

1월이 되면
하얀 백지에
아름다운 밑그림이 시작됩니다

곱게 마음 다잡고
얼굴 가득 입꼬리 올리며
새 마음을 가집니다

행복과
따뜻한 감동으로 채워 갈
겸손함으로 미소 짓습니다

내 안에
새 희망이
넘실거립니다

1월의 기도

아무도 만나보지 못한
삼백예순다섯 날을
떨리는 마음으로 맞게 해 주소서

설레기도 하고 두렵기도 하지만
올 한 해도 설렘이
가득 담기게 해 주소서

그 설렘을 위해
날마다 새롭게 깨어 있는
사람이 되게 해 주소서

큰 산처럼
줄 수 있는
사람이 되게 해 주소서

함께하는 사람들과
날마다 축제의 꽃으로
피어나게 해 주소서

희망 품은 고로쇠

꽃과 열매
이파리마저 내어주는
앙상한 겨울나무

온몸으로
찬바람을 맞으며
눈까지 이고 서 있다

봄이면 초록 잎으로
희망을 내미는
당신 사랑의 끝은 어디인가요?

새해에는 늘
당신처럼
사랑하며 살겠습니다

바위

파도가 일렁이다
바위에 부딪혀 부서진다
묘한 쾌감이 나를 감싼다

바위는 거센 파도와 맞서
움직임도 없이
파도를 보석으로 쏟아내고

나는 세상 풍파에 부딪혀
아랑곳없이 역경을
일상으로 쏟아내고

바위에서
내가 살아갈
삶의 지혜를 읽는다

돌담

제주에는 돌담이 많다
바람을 안고 살아야 할
제주의 운명

제주는 돌담 구멍으로
바람을 지나가게 해야
집을 지킬 수 있고

우리는 마음을 비워
바람을 내보내야
제자리에 똑바로 설 수 있고

돌담에서
삶의 지혜를 읽는다

환하게 웃는
나를 만난다

띠 궁합

말띠 범띠 개띠는
한 가족이 모여 있는 형상이라지요
마음과 뜻이 잘 맞아
좋은 띠 궁합이라죠?

맞습니다
범띠인 그대와 말띠인 나
30년을 살고도
300년을 더 살고 싶은 걸 보면

꿈속에서

눈이 피로해
온열 수면 안대를 했다

그대 따뜻한 두 손이
내 눈을 감싼다

스르르
잠이 들어
그대를 만났다

입가에
미소가 인다

그대가
생각나는
시간

5부
가장 외치고 싶은 말

추억 노트 • 비밀번호 • 스마트폰
처방전 • 제주돌문화공원 • 마음의 거리
벙어리장갑 • 구멍 난 고무장갑 • 월동 준비
해운대 빛 축제 • 예약할 수 없는 자리
아끼지 마! • 그대에게 • 아마도 베개
문풍지 • 동지 • 눈물 • 연못
가장 외치고 싶은 말 • 잠들기 전 나에게
행복 • 반려동물 • 사랑의 향기 • 사탕

추억 노트

시집이 도착했습니다
한 장 한 장
그대와의 추억이 담겼습니다

눈을 떠도
눈을 감아도
그대가 있어 행복합니다

독자들의 가슴에도
이 시집 속 사랑이
사랑으로 담겼으며 좋겠습니다

그대 따라 웃다 보니
온 세상이
행복으로 넘실댑니다

비밀번호

버튼을 누르고
문을 잠갔습니다
나만 아는 번호지만
비밀이 아닙니다

번호를 누를 때마다
그대가 보고 있어
그대에게는
비밀을 가질 수 없습니다

'사랑해'
그대의 비밀번호도
나만 볼 수 있습니다

스마트폰

원하는 것은 무엇이든
보고 들을 수 있는 것이 있다지요

불러도 나타나고
터치해도 나타납니다

현대판
도깨비방망이입니다

우리 그대를
불러보니
웃는 얼굴로 나왔습니다

처방전

몸이 아프면
의사 처방전이 필요하고

마음이 아프면
그대의 처방전이 필요하고

참,
그대의 처방전은
마약성 진통제보다
효과 좋은 특효약

내게는
만병통치약이지요

제주돌문화공원

푸른 하늘 아래
동심의 세계
하늘은 나를 부르고
나는 그대를 부르고
그대는 꽃을 부르고

하늘과 당신
그리고 꽃이
돌 속에 담겼다
다녀간 사람들의
그리움이 담겼다

마음의 거리

머리에서 가슴까지
길이는 30센티미터밖에 안 되지만
이동시간은
30년이 걸리는 사람도 있다지요

그대
내 안에
훅~
들어오는데
그 시간
1초도 안 걸리는데

벙어리장갑

장갑 속에
다섯 식구가 살아요

아빠는 가장이라
따로 방이 있지만

엄마와 자녀 셋은
오밀조밀 모여
큰 방에 살지요

가끔씩 아빠도
함께하고 싶은지
방 주위를 맴돌기도 하네요

구멍 난 고무장갑

설거지를 하는데
물이 들어왔어요

그리움이 너무 커
참지 못하고
달려가는 나처럼
마음이 급했나 봅니다

물이 손가락에 닿은 것처럼
내 그리움도 그대에게 닿았으면

월동 준비

월동 준비가
왜 필요하죠?

그대 하나면
따뜻하고 배부른데

거기다
천하를
다 가진 기분인걸요

해운대 빛 축제

해운대 빛 축제는
사람들의 마음을 홀리고

그대라는 별은
내 마음을 홀리고

휘황찬란한 불빛과
사랑의 깊이는
비교가 안 되지요

사랑하는 그대가
가장 화려한 불빛인걸요

예약할 수 없는 자리

인생극장 영화를 봅니다
자리 있냐고요?
물론 있지요

하지만 어쩌죠?
매진입니다
100년을 기다려도
평생 예약 안 됩니다

주인공도 관객도
그대와 나
딱 두 자리거든요

아끼지 마!

'사랑한다'는 말

'보고싶다'는 말

'그대가 최고!'라는 말

나도 듣고 싶은

그 말!

그대에게

예쁜 낙엽을 주워
'보고 싶다'고 적었다

바람에 날려
그대에게 보냈다

도착했을까?
도착했을 거야
아니, 가고 있는 중일 거야

아직 답은 없지만
기다리며 하는 상상
이것도 그대가 준 사랑입니다

아마도 베개

부드럽게 목을 받쳐 주는
메모리 폼 수면 베개가
꿀잠을 자게 해 준다네요

꿀잠보다 더 행복한 것은
미소 짓게 하는 그대 생각
함께 노닐다
스르르 잠이 들게 해 주는

꿈속에서
그대까지 만날 수 있는데
이보다 더 좋은 베개
없는걸요, 아마도

문풍지

세찬 바람이
거실로 스며든다

바람을 막게
문풍지를 바른다는 게
이런, 이런,
그대 생각을 발랐다

하지만
따뜻하고
보고 싶게 해서 좋다

동지

동지는 절기 중
밤의 길이가 가장 길다지요

아무리 길어도
내 안으로
그대 보고 싶은 생각 펼친
그 길 반만 할까요?

측정도 안 되고
찾아가도 끝이 없고

눈물

기쁠 때도
슬플 때도
분신처럼 담겨 있다
불쑥불쑥 나오는
너!
너는 누구니?

그대 보고 싶은 마음까지
다 알고 있을
너는
너는 도대체 누구니?

연못

창경궁과 창덕궁 연못
가을을 흠뻑 담고 있는
부용지, 예련지, 춘당지
하나같이 예쁘다고 합니다

아무리 예쁜들
그대 생각 가득 담긴
내 그리움 반만 할까?

어림없지요
반에 반도 못 미칠 테니까
이렇게 생각했다가
와 보고 알았다
정말 반에 반도 못 미친다

가장 외치고 싶은 말

그대만을
사랑해!

그대 가슴을 향해
내 가슴을 향해

잠들기 전 나에게

수고했어
오늘도 충분히 잘한 거야

그대가 웃으며
고개를 끄덕인다

그대 품에
스르르 녹아든다

아~
행복해!

행복

가방은
소지품으로 가득하고
내 마음은
그대 생각으로 가득하고

가방은
필요한 물건을
가득 담아 행복해하고

내 마음은
그대 생각을
가득 담아 행복해하고

날마다 내용물이 바뀌는 가방
그대 생각 그대로 담긴 마음
어느 쪽이 더 행복할까?

반려동물

밤하늘에 초승달이 걸렸다
그 옆에 빛나는 별이 있다

다정해 보인다
우리 집
알콩이와 달콩이처럼

사랑의 향기

로션은
부드럽게 피부에 스며들고
그대는
사랑으로 내 가슴에 스며들고

하지만
향기 좋은 로션이라도
그대 사랑
반에도 못 미친다
어림도 없다

사탕

왕사탕 하나
입에 넣었다
달다

아무리 달면 뭐해?
그대 사랑처럼
달콤하긴 하지만

가슴 찡한 이 감동!
흉내도 못 내는데

그대가
생각나는
시간